Phil Bosmans

Sonnenstrahlen der Freude

Mit Farbfotografien von Florian Werner

Herder Freiburg · Basel · Wien

Meine Augen sind da für das Licht,
für das Frühlingsgrün, für das Weiß des Schnees,
für das Grau der Wolken und das Blau des Himmels,
für das Leuchten der Sonne am Tag,
für das Funkeln der Sterne in der Nacht
und für das unglaubliche Wunder,
daß es so viele wunderbare Menschen gibt.

Mein Mund ist da für das Wort,
für ein gutes Wort, auf das ein anderer wartet.
Meine Lippen sind da für einen Kuß,
meine Hände, um zu helfen und zärtlich zu sein,
meine Füße, um den Weg zum Nächsten zu gehen,
zu denen, die in Einsamkeit und Kälte leben.
Und mein Herz ist da für die Liebe.

Warum bin ich dann nicht glücklich?
Sind meine Augen zu, der Mund voll Bitterkeit,
die Hände faul, die Füße steif, das Herz kalt?
Weiß ich denn nicht, daß ich gemacht bin
für die Freude?

Jeden Morgen stell dich
mit beiden Beinen auf unsere Erde
und sprich: Lieber, guter Morgen!
Ich bin froh, daß ich da bin.
Heute gibt es keine Jammermiene.
Von einem Trauerkloß hat keiner etwas.
Die Sonne ist da, es wird ein guter Tag.
Ich will dankbar sein.
Mein Herz sei frei von Haß und Neid.

Jeden Abend mache einen Punkt
und blättere die Seite um,
sonst sitzen wir hoffnungslos fest.
Geben wir jeden Abend unser Blatt ab,
mit den geraden und krummen Zeilen
und mit den leeren Zeilen, wie es ist.
Legen wir es einem Vater in die Hände,
dann können wir morgen neu anfangen.

Wer sich an guten Tagen richtig freuen kann,
der ist auch an schlechten Tagen besser dran.

Sag: Wo sind die Blumen geblieben? Die Blumen der erfreulichen Dinge, der schönen Erlebnisse, der guten Ereignisse - in der Tagesschau, in der Tageszeitung, in den Tagesgesprächen? Sie sind verfinstert in den Augen der Schwarzseher, erstickt in der Lawine von Sensations-, Skandal- und Katastrophengeschichten, gestorben auf den Lippen der ewigen Nörgler und Unglückspropheten.

Sag: Wo sind die Blumen geblieben? Die Blumen der kleinen Aufmerksamkeiten, die zeigen, daß man aneinander denkt und daß man einander beschenkt? Die Blumen des Vertrauens, die uns fröhlich machen? Die kleinste Blume, die von Herzen gegeben wird, erzählt eine schöne Geschichte, das Märchen von einem Stückchen Himmel auf Erden, wo Menschen füreinander blühen wie Blumen.

Hier ist dein Herz,
und da ist ein Mensch, der dich braucht:
Leg Blumen bereit!

Rufe: Frühling! Rufe: Sonne!
Laß dich fangen vom Wunder des Lichts,
vom Wunder des Lebens.
Sieh die Lerche, wie sie hoch am Himmel singt.
Weißt du, warum? Weil sie keine Miete zahlt.
Sieh in den Himmel und singe,
weil dir die Sonne umsonst scheint.

Mach dich zum Leben auf! Lebe!
Reinige den Kopf von der Jagd nach immer mehr.
Löse dich von Dingen, die du nicht brauchst.
Entwirre das Herz von den Verstrickungen
an tausend törichte Begierden.

Mach dich zum Leben auf! Lebe!
Freude wird dein Herz erfüllen, Mut zum Leben.
Scheint die Sonne, fängst du an zu tanzen,
und wenn es regnet, kannst du pfeifen.
Und du wirst spüren:
Wir sind gemacht für die Freude.

Wer Menschen froh machen will,
muß Freude in sich haben.

Wer Wärme in die Welt bringen will,
muß Feuer in sich tragen.

Wer Menschen helfen will,
muß von Liebe erfüllt sein.

Wer Frieden auf Erden schaffen will,
muß Frieden im Herzen gefunden haben.

Kannst du dich an einer Blume freuen, an einem Lächeln, am Spiel eines Kindes? Dann bist du reicher und glücklicher als ein Millionär, der alles hat, was er sich nur träumen kann, und der doch an nichts mehr Freude hat. Nicht Besitz macht reich, sondern Freude.

Menschen leiden an einer schrecklichen Krankheit: alles haben wollen und nichts mehr genießen können. Um leben zu können, mußt du genießen können. Ich meine nicht die Genußsucht, die so viele Menschen krank und zu Sklaven macht. Um genießen zu können, mußt du frei sein. Frei von Gier, frei von Leidenschaften, die dich ins Unglück stürzen.

Wenn du genießen kannst, kannst du dich freuen. Du triffst freundliche Menschen. Die Freundschaft Gottes kommt dir entgegen in jedem Lächeln, in jeder Blume, in jedem guten Wort. Für einfache Menschen sind kleine Freuden groß genug. Wenn du kleine Dinge in aller Ruhe genießen kannst, dann wohnst du in einem Garten voller Seligkeit.

Ein Lächeln –
und du wirst schöner.

Menschen geben viel Geld aus, um schön und gewinnend zu sein. Versuch eine neue Methode, die nichts kostet und viel wirksamer ist: lächeln. Nicht das künstliche Lächeln geschäftstüchtiger Leute, sondern das Lächeln, das aus innerem Frieden kommt, aus der Freude eines guten Herzens. Dieses Lächeln macht jeden Menschen schön.

Fang den Tag mit einem freundlichen Gesicht an. Für die Mitmenschen ist ein fröhliches Gesicht jeden Tag ein neuer Sonnenstrahl. Wenn etwas schiefgeht, macht es dir nicht so viel aus. Der eigene Kummer wird kleiner und die Last der anderen leichter. Ein freundliches Gesicht und ein freundliches Wort werden zu rettenden Engeln.

Freundlichkeit ist wie ein Wunder.
Freundlichkeit verwandelt die Menschen.
Freundlichkeit verändert die Welt.

Humor ist ein guter Stoßdämpfer,
wenn es im Leben kracht.

Humor macht viele Dinge relativ.
Was riesengroß erscheint,
wird lächerlich klein.
Was furchtbar schwer erscheint,
verliert die bedrückende Last.
Humor macht manches möglich,
was unmöglich erscheint.
Manches Ungewitter geht vorbei
ohne Donner, Blitz und Hagelschlag.

Es gibt Menschen, die niemals lachen.
Sie sehen vielmehr aus,
als ob jeden Tag die Welt unterginge.
Wir leben in einer traurigen Welt
mit viel zu vielen traurigen Menschen,
für die am Morgen die Sonne untergeht.

Ein fröhliches Gesicht -
und schon scheint die Sonne.

Wenn alles so traurig ist, daß keiner mehr lachen kann, und alles so aussichtslos, daß es nichts mehr zu lachen gibt, dann kann allein der Humor immer noch ein Lächeln hervorzaubern. Nicht weil es Freude gibt, gibt es Humor, sondern dort, wo alle Freude gestorben ist, an den dunklen Tagen voller Ängste, gerade dort lebt der Humor.

Humor trägt die Menschen durch die Wüsten des Lebens und sorgt dafür, daß sie nicht zugrunde gehen in lauter Weh und Ach. Humor hilft, trotz allem zu lachen. Humor findet man nicht durch krampfhaftes Suchen. Humor ist ein Geschenk. Humor läßt den Kopf lachen, während das Herz weint. Und man wird weniger empfindlich.

Humor und Geduld
sind die Kamele, auf denen ich
durch alle Wüsten komme.

Für das Glück deiner Familie, deiner Freunde und Bekannten –
dafür bist du geschaffen. Sie brauchen dich, deine Güte,
dein Lächeln, dein Herz. Wenn du immer an dich selbst denkst,
fällst du anderen zur Last und vielleicht auch dir selbst.
Es ist unmöglich, daß ein Egoist glücklich wird.

Werde wie in Kind:
einfach, spontan, fröhlich.
Sei kein Faß voller Probleme.
Du kannst doch auch lachen.
Versuche jeden Tag aufs neue,
die Menschen gern zu haben,
die um dich herum sind.
Versuche in der Stille,
die Wunden der Menschen zu heilen,
die weinen und verzweifelt sind.
Schenk denen etwas Liebe,
die zu wenig geliebt werden.
Das ist wunderbar.
Das Glück des anderen
liegt in deinen Händen!

Ihr Großen,
hört einmal auf die Kinder!
Zu lange habt ihr immer nur
auf Experten und Funktionäre,
Direktoren und Generäle gehört.
Ihr habt zu lange an Besitz und Macht,
an Wohlstand und Waffen geglaubt.
Wenn wir auf die Kinder schauen,
wird alles neu, denn Kinder enthüllen,
was die Welt vergessen hat:
das Wunder von allem, was lebt.

Ihr Großen,
empfangt die Augen eines Kindes,
um das Leben anders zu sehen.
Empfangt den Traum eines Kindes
nach dem verlorenen Paradies.
Empfangt das Lachen eines Kindes
und seine Freude an den kleinen Dingen.
Empfangt das Herz eines Kindes,
um an die Liebe der Menschen zu glauben.

Wer sich über ein Kind freut,
freut sich über das Leben.

In Kinderaugen leuchtet
eine frohe Botschaft.
In Kinderherzen liegt eine Erinnerung
an das verlorene Paradies.

Lachst du Kinder an, lachen sie zurück.
Lachst du Große an,
fragen sie sich: Warum lacht der?

Stirbt das Kind im Menschen,
so stirbt der Mensch
und sterben alle Träume.
Die Welt wird eine Wüste.

Schau in die Augen eines Kindes,
und du siehst Gott.

Wenn jemand sagt: Du bist jung geblieben,
dann weißt du, daß du alt geworden bist.

Der Herbst fängt an.
Ich sehe es im Garten,
an den Bäumen und Büschen.
Ich spüre es an der Luft
und den eigenen Gliedern.
Der Sommer ist
unwiderruflich vorbei.
Gegen den Herbst
ist kein Kraut gewachsen.
Aber der Herbst ist schön
und kann so reich an Farben sein.
Die letzten Freuden des Lebens
sind stiller, aber auch tiefer.
So will ich den Herbst
ruhig zu mir kommen lassen.

Zähle im Alter nicht mehr die Jahre,
sondern die Tage, und die doppelt.

Ein Freund in deinem Leben
ist wie Brot und Wein.

Freunde sind Menschen, die sich gut verstehen, die gemeinsam
eine Weile denselben Weg gehen. Sie sind nicht mehr allein.
Sie schauen nicht so sehr aufeinander, sie schauen gemeinsam
weiter. Sie suchen nicht einander, sie suchen gemeinsam,
was jeder braucht.

Freunde legen sich nicht gegenseitig an die Kette, das wäre
der Tod der Freundschaft. Sie verfallen nicht in Eifersucht,
sie kapseln sich nicht ab. Sie machen einander frei. Sie helfen
einander, den wahren Weg des eigenen Lebens zu finden.

Freunde lassen sich nicht im Stich. Sie bleiben einander nahe,
in Freud und Leid, im Erfolg und in der Niederlage. Du kannst
alles aushalten und alles durchstehen, wenn ein Freund dir
zur Seite ist. Ein guter Freund ist der beste Trost in der Not.

Mein Mitmensch ist hier!
Warum suche ich ihn so weit weg?

Mein Mitmensch, der Anerkennung braucht.
Mein Mitmensch, dem ich helfen kann.
Mein Mitmensch, der auf meine Liebe wartet.
Er wohnt nicht hinter den Bergen,
er lebt nicht jenseits der Meere.
Mein Mitmensch ist hier!

Mitmensch, das ist der Mann, die Frau
in meiner allernächsten Nähe.
Das ist das Kind, das Wärme sucht,
der Kollege, der keine Arbeit mehr hat
und an den keiner mehr denkt.
Das ist der Kranke nebenan,
der schon lange im Bett liegt
und mich noch nicht gesehen hat.

Menschen müssen Freunde werden.
Wer die Freundschaft verweigert,
lebt in einem Land ohne Blumen.

Jeder weiß es: Millionen Menschen
leiden Hunger - gestern, heute, morgen.
Sie können nicht arbeiten,
weil sie nichts zu essen haben.
Sie werden krank,
weil sie nichts zu essen haben.
Sie sterben schon als Kinder,
weil sie nichts zu essen haben.

Viele sagen: Ich kann es nicht mehr hören, ich will es nicht
mehr sehen, ich habe es satt, immer wieder dasselbe: Hunger.
Aber solange Menschen vor Hunger sterben, so lange steht
auf der Stirn der Reichen das Kainsmal. Erschrecken hilft
nicht, Mitleid hilft nicht, Reden hilft nicht. Es hilft nichts:
Wir müssen teilen.

Teile dein Brot, und es schmeckt besser.
Teile dein Glück, und es wird größer.
Wo geschwisterlich geteilt wird, wächst Hoffnung.

Es gibt noch Engel in der Welt. Engel sind Menschen, die ins dunkle Leben einen Lichtstrahl bringen, einen Funken Freude aus dem Paradies. Sie leben und arbeiten für Menschen, die weniger Glück hatten. Sie zählen die Stunden nicht, sie fragen nicht nach Lohn. Ihre Liebe zu den Menschen ist größer. Wenn sie nicht wären, würden viele keine Beachtung und keine Zuwendung, keine Hilfe und keine Freundschaft finden.

Du hast ein Problem. Du kommst nicht weiter. Es geht nicht mehr. Da erhält jemand über eine unsichtbare Antenne eine Eingebung, dich anzusprechen, zu dir zu gehen, dir zu helfen, dich zu trösten, dir einen Wink zu geben, eine Lösung zu zeigen, den entscheidenden Schritt. „Du bist ein Engel", sagst du dann. Das Dunkel hat sich gelichtet, die Sorge ist weg, das Leben wird wieder hell.

Es gibt noch Engel: mitten unter uns.
Sie wirken Wunder, ohne es selbst zu wissen.

Frag die Sterne, warum es Nacht ist.
Wenn du lang genug hinhörst,
bekommst du vielleicht eine Antwort.

Wenn die Krise alles verfinstert hat,
werden Kinder des Lichts die Sterne anzünden.

Ein guter Mensch ist ein Stern
für jene, die das Licht nicht finden.

Sei wie ein Licht,
das durch die Nacht wandert
und auf seinem Weg erloschene Sterne
wieder anzündet.

Wenn alles dunkel wird,
zündet Gott die Sterne an,
um uns durch die Nacht zu führen.

Hänge dein Leben an einen Stern,
und die Nacht wird dir nicht schaden.

In unserer Welt hat sich eine große Traurigkeit breitgemacht. Wir leben in einer Wüste, in einem Land, in dem nichts mehr wächst, in dem die Menschen nicht mehr füreinander da sind, in einem Land ohne Freude.

In der Wüste bist du nicht verloren,
wenn du glauben kannst an die Oase.

Ein Tropfen Wasser kann einer Blume die Kraft geben, sich wieder aufzurichten. Ein wenig Liebe kann einen Menschen heilen und ihm den verlorenen Mut wiedergeben.

Nur Wasser kann eine Wüste verwandeln.
Wasser ist Leben. Liebe ist lebendiges Wasser.

Laßt uns kleine Wasserträger sein in einer großen Wüste.
Laßt uns eine Oase sein, wo man begeistert ist vom Leben.
Wo eine Blume wieder blühen kann, da wachsen eines Tages tausend Blumen.

Es gibt eine Traurigkeit, die kommt,
wenn wir zu sehr an uns selbst
und an materiellen Dingen kleben.
Wir sind bitterböse über Menschen,
die uns scheinbar zu wenig beachten.
Wir werden eifersüchtig bei dem Gedanken,
was andere alles haben, wieviel mehr als wir.
Wie schwer doch alles ist,
und wie schlecht es gerade uns geht!

Dabei gibt es so viele Bäume und Blumen,
so viele Vögel und Schmetterlinge,
so viele Wiesen und Wälder
und so viele Wunder um uns herum,
die nur darauf warten, einen Menschen
von seiner Traurigkeit zu heilen.
Lerne die Namen der Bäume und Blumen,
die Namen der Vögel und Fische
und den Namen Gottes.
Öffne deinen Geist für das Licht.
Öffne dein Herz für die Freude!

Das Leben ist nicht zum Grübeln da.
Dafür ist die Zeit zu schade.
Dafür ist der Mensch nicht gemacht.

Ängstliche Menschen neigen zum Grübeln. Sie machen sich selbst unglücklich. Sie sehnen sich jeden Tag nach überflüssigen Sorgen, nehmen sie in die Arme und hätscheln sie. Sie pflegen ihr eigenes Unglücklichsein. Sie glauben erst gar nicht, daß die Sonne scheinen könnte, und verkriechen sich frierend im Schatten.

Ängstliche Menschen klammern sich gern an anderen fest und werden aufdringlich. Häufig sind es einsame Menschen, Menschen, die nicht wagen, allein zu sein. Alles, was aus Angst beschlossen wird, ist eine verkehrte Entscheidung. Aus Angst wird niemals Freude und Glück geboren.

Angst vor morgen
kommt immer einen Tag zu früh.

Seltsames, unbegreifliches Menschenleben. Es gibt Tage, da scheint die Sonne. Du lachst, du möchtest vor Freude springen. Und du weißt nicht, warum. Doch auf einmal ist alles wieder anders. Dunkle Nacht, schwarze Trauer überfällt dich. Du denkst: So wird es immer weitergehen, dieser Zustand wird sich nicht mehr ändern. Und du weißt nicht, warum.

Warum muß das so sein? Weil der Mensch ein Stück Natur ist, mit Frühlingstagen und Herbsttagen, mit der Wärme des Sommers und der Kälte des Winters. Weil der Mensch dem Rhythmus des Meeres folgt: Ebbe und Flut. Weil unser Dasein eine ständige Wiederholung ist von Leben und Sterben.

Wenn du das begreifst, kannst du wieder weiter mit Mut, voller Vertrauen, denn dann weißt du: Auf jede Nacht folgt ein neuer Morgen. Wenn du dazu ja sagst, wenn du das hinnimmst, wirst du durch dieses Auf und Ab zu immer größerer Lebenstiefe und Lebensfreude kommen.

Ich glaube an das Gute im Menschen,
so wie ich an den Frühling glaube,
wenn ich die Weidenkätzchen blühen sehe.

Ich glaube an die Menschen,
die einfachen Menschen:
Menschen, die leben und lachen,
die sich an kleinen Dingen freuen,
die ja sagen zur aufgehenden Sonne
und zu allem, was aus dem Grund
von guten und schlechten Tagen wächst.
Ihr Name steht nie in der Zeitung.
Sie gebrauchen keine Fäuste,
sie haben die Menschen gern.

Einfache Menschen sind wunderbare Menschen,
Menschen, von denen ohne viel Aufhebens
ein Strom der Liebe in die Welt ausgeht.
Sie sind Oasen in unserer Wüste.
Sie sind Sterne in unserer Nacht.
Sie sind die einzigen Lungen,
durch die unsere Welt noch atmen kann.

Das Los derer, die Leben geben, ist es, gerade daran zu sterben. So wie ein Samenkorn, eine Saatkartoffel, ein Fruchtkern. Alles, woraus neues Leben wächst, muß sterben, abgestoßen und vergessen werden. Sich hiermit zu versöhnen, ist wahre Lebenskunst. In der Zustimmung zu diesem Sterben liegt unermeßliche Frucht verborgen: die überschwengliche Freude am Leben.

Deine Freude wird sein wie die Freude eines Baumes, der tausend Blüten und tausend Früchte gibt, ohne nach Dank zu fragen. Wenn Menschen sich über den Baum freuen und tausendmal danke sagen, dann schaut er auf seine Wurzeln, die in dem Mutterboden einer uralten Botschaft gründen.

Menschenkind, Kind des Lichtes, Kind der Sonne, Kind der Liebe, Kind Gottes: Eines Morgens wirst du auf deinem Weg einem Engel begegnen. Er wird dir einen weißen Stein geben, auf dem ein neuer Name steht, dein eigener Name, so wie er geschrieben ist in Gottes Hand. Da wirst du überglücklich sein.

Ich brauche nichts zu besitzen,
um an allem Freude zu haben.
Es gibt so viel Freude,
wenn ich auf die kleinen Dinge sehe
und auf die einfachen Menschen.
Es gibt so viel Wunder,
die ich entdecke mit offenen Augen
und mit geschlossenen Augen.
Die Kunst des Lebens ist,
dies zu sehen:
Es liegt in allen Dingen
eine Erinnerung an das Paradies.

Der Himmel muß auf der Erde beginnen,
dort, wo Menschen Freunde werden
und wo die Güte weitergegeben wird.
Ich liebe die Menschen, die um mich leben.
Ich liebe die Freude,
und so kommt die Freude zu mir.
Ich liebe die Freundschaft,
und so pflücke ich die Sterne,
und so ist mein Tag voller Seligkeit.

*In der Reihe „Sonnenstrahlen" von Phil Bosmans
sind im Verlag Herder außerdem erschienen:*

Phil Bosmans/Werner Richner · Sonnenstrahlen des Glücks. ISBN 3-451-26077-8
Phil Bosmans/Werner Richner · Sonnenstrahlen der Hoffnung. ISBN 3-451-26078-6
Phil Bosmans/Florian Werner · Sonnenstrahlen des Herzens. ISBN 3-451-26079-4

Weitere erfolgreiche Titel von Phil Bosmans bei Herder:

Phil Bosmans/Werner Richner · *Das Postkartenbuch.* Vergiß die Freude nicht.
2. Auflage 1996. ISBN 3-451-23858-6

Phil Bosmans/Werner Richner · *Applaus für das Leben.
Das große vierfarbige Geschenkbuch.* 1995. ISBN 3-451-23635-4

Phil Bosmans/Hermann Steigert · *Zum Glück zu zweit.
Vitamine für Verheiratete und für alle, die gemeinsam durchs Leben gehen.*
2. Auflage 1995. ISBN 3-451-23314-2

Phil Bosmans · Worte zum Menschsein. 14. Auflage 1996. ISBN 3-451-21787-2

Phil Bosmans · Vergiß die Freude nicht. 50 Auflage 1996. ISBN 3-451-17556-8

Übertragung ins Deutsche,
Auswahl aus den Schriften von Phil Bosmans
und autorisierte Bearbeitung:
Ulrich Schütz

Alle Rechte vorbehalten – Printed in Italy
© Verlag Herder Freiburg im Breisgau 1996
Reproduktionen: Fotolitho Stampfer, Bozen
Herstellung: L.E.G.O. Olivotto S.p.A., Vicenza 1996
ISBN 3-451-26076-X